ELBPHILHARMONIE

JOACHIM MISCHKE & MICHAEL ZAPF

EDEL

INHALT

FELDSTRASSE
DREHBAHN
DAMMTORSTR.
3
8
7
VALENTINSKAMP
6
HOLSTENWALL
KAISER-WILHELM-STRASSE
5
FUHLENTWIETE
JUNGFERNST
BUDAPESTER STRASSE
HÜTTEN
9
NEUER WALL
REEPERBAHN
ENGL. PLANKE
LUDWIG-ERHARD-STR.
11
10
BÖHMKENSTRASSE
AM SANDTOR
NORDERELBE
AM KAISERKA
12

DER MUSIK AUF DER SPUR

Wichtige Adressen der Musikstadt Hamburg auf einen Blick. Ideal für einen Rundgang zu Erinnerungs- und Spielstätten, der am Hauptbahnhof beginnt und an der Elbphilharmonie endet.

1) Hauptbahnhof – Zentral gelegen, neben der Kunsthalle und dem Schauspielhaus.

2) Rathaus – Sitz von Bürgerschaft und Senat. Neben dem Eingang dokumentiert eine Gedenktafel, dass der Komponist Georg Philipp Telemann 1767 hier seine letzte Ruhe fand.

3) Staatsoper – Eines der großen deutschsprachigen Musiktheater-Häuser. Am Vorgänger-Haus war Gustav Mahler von 1891 bis 1897 Erster Kapellmeister, bevor er nach Wien ging.

4) Rolf-Liebermann-Studio – Veranstaltungsort des NDR, benannt nach dem legendären Hamburger Opernintendanten und Komponisten.

5) Brahms-Denkmal – An das Geburtshaus des Komponisten Johannes Brahms (1833–1897) erinnert ein Denkmal im Gängeviertel.

6) Johannes-Brahms-Platz – Auf dem Areal vor der Laeiszhalle stehen zwei weitere Brahms-Denkmäler.

7) Laeiszhalle – Das historische Konzerthaus wurde 1908 eröffnet und ist das klassische Gegenstück zur Elbphilharmonie.

8) Medienbunker – Im Bunker an der Feldstraße befindet sich der „resonanzraum" des Ensemble Resonanz.

9) KomponistenQuartier – Mehrere Gedenkstätten erinnern in der Peterstraße an berühmte Komponisten mit Hamburg-Bezug, u. a. an Brahms und Telemann.

10) Hauptkirche St. Michaelis – In der Michel-Krypta wurde 1788 der Komponist Carl Philipp Emanuel Bach begraben.

11) Mendelssohn-Denkmal – Die Geschwister Felix und Fanny Mendelssohn Bartholdy wurden in direkter Nachbarschaft des Michels geboren.

12) Elbphilharmonie – Das spektakuläre neue Konzerthaus an der Westspitze der HafenCity direkt am Ufer der Elbe.

Überragende Architektur:
Die Elbphilharmonie krönt die
Westspitze der HafenCity.

1 PROLOG

Goldig: Die Glasfassade der Elbphilharmonie passt sich ihrer Umgebung an und spielt virtuos mit Licht und Schatten.

EIN TOR ZUR WELT

Die Musik beginnt, und der Rest der Welt ist bis zur Stille vor dem Schlussapplaus nur noch: der Rest der Welt. Die Elbphilharmonie erzählt von der Geschichte der Hansestadt und ist ihre Zukunft. Hier ist ein Gebäude entstanden, von dem die Stadt Hamburg als Ganzes, als Stadtgesellschaft enorm profitiert. In jeder Hinsicht, bei weitem nicht nur finanziell. Sie ist das buchstäblich herausragende Beispiel für den Wandel der Stadt, die mit der HafenCity am Ufer der Elbe ein neues Kapitel ihrer Geschichte schreibt.

Das Konzerthaus gehört zum Anblick des Hafens, so selbstverständlich wie die Touristen-Barkassen. Scheint die Sonne, leuchtet die Elbphilharmonie wie ein Diamant. Zieht sich der Himmel zu, verdunkelt sich ihr Profil ins Metallischgraue, dann wirkt sie kühl, fast dramatisch. Kalt lässt sie niemanden in dieser Stadt, in der man sich anfangs in sie verguckt hatte. Dieses Gebäude hat in seiner Seele einen Kern aus Musik. Es entstand, weil ein Hamburger Paar, Alexander Gérard und Jana Marko, als Kulturliebhaber glauben wollte, dass so etwas in ihrer Stadt möglich ist. Die Elbphilharmonie ist mit 110 Metern an der Westspitze auch ein Hochhaus, nicht wegen der Maße, sondern weil dieses Gebäude weit über den Horizont hinaus will. Es hat Ziele.

Der Architekt Werner Kallmorgen entwarf und baute Mitte der 1960er Jahre den Kaispeicher A, der vor allem Kakao und Kaffee lagern sollte. Dieser Kaispeicher war das Fundament für die Idee der Elbphilharmonie, jenen Sockel für die gläserne Welle oberhalb der Elbwellen. Mit diesem Diadem krönten die Schweizer Architekten Jacques Herzog und Pierre de Meuron die Westspitze der HafenCity. Die Elbphilharmonie lebt und inspiriert durch den Kontrast aus Alt und Neu. Hamburger Backstein als Erinnerung ans lokale Gestern, global aufsehenerregende Architektur als Signal für das Morgen. Und in der Mitte die Kunst der Fuge: die Plaza, eine rathausmarktgroße Freifläche für jedermann. Freier Blick über den Hafen. Ein Tor zur Welt.

„Die ganze Welt wird kommen", hatte Hamburgs Generalmusikdirektor Kent Nagano im Frühjahr 2016 über ein Gebäude prophezeit, wie es kein anderes gibt in der Welt der Musik.

Gemischtes Doppel:
Ein Hamburger Wahrzeichen – der Michel – spiegelt sich in der Fassade des anderen Wahrzeichens.

Weltkulturerbe vor Kultur-Ikone:
Die historische Speicherstadt
und die gläserne Fassade
der Elbphilharmonie bilden einen
starken ästhetischen Kontrast.

Die Magellan-Terrassen
sind ein beliebter Treffpunkt
in der HafenCity.

Morgenstimmung in der Hafen-City: Bei Sonnenaufgang erstrahlt die Ostseite der Glasfassade.

U

Die „Queen Mary 2“ verlässt den Hamburger Hafen, beobachtet von Schaulustigen.

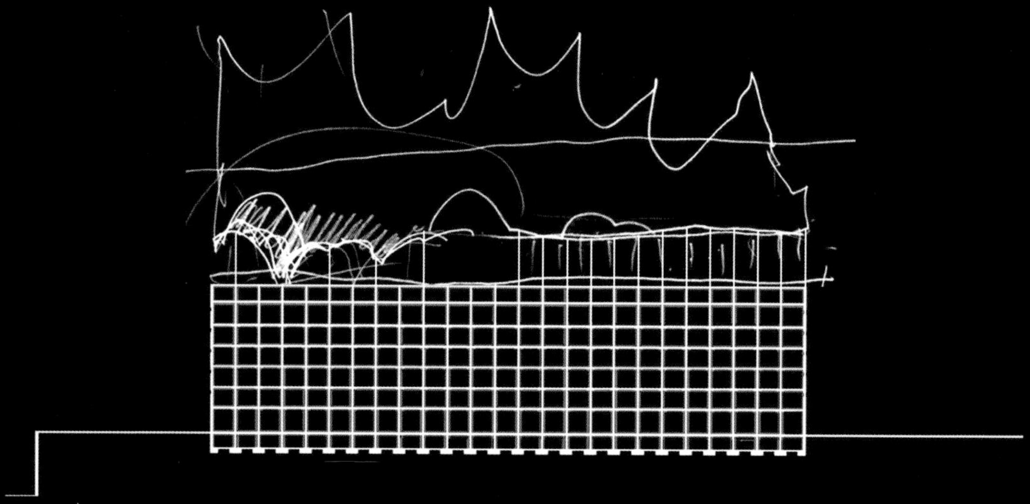

2 ANFÄNGE + KONZEPT

EINE HISTORISCHE CHANCE FÜR DIE STADT

Es war einmal ein Speicher. So märchenhaft fängt die phantastische Geschichte der Elbphilharmonie an. Am Anfang waren eine Idee und eine Skizze, am 21. Dezember 2001 in einem Architekturbüro in Basel von Jacques Herzog als Wie-wäre-es-damit-Impromptu auf ein Foto vom Kaispeicher A gemalt: eine sich aufbäumende Welle oberhalb des steinernen Rechtecks – auf den ersten Blick abenteuerlich. Die Idee dahinter war groß und radikal.
Die Idee der Initiatoren Alexander Gérard und Jana Marko war es, ein vorhandenes Gebäude als Sockel zu nehmen, das an drei von vier Seiten von Wasser umgeben ist. Ab 37 Meter aufwärts steil nach oben, ein Multifunktionsbündel, in dem das Herzstück – der Große Saal – von einem Hotel und Wohnungen ummantelt ist. Mit einer öffentlich zugänglichen Plaza, auf der jeder Besucher das Hamburg-Panorama bestaunen kann. Und wenn man schon beim Träumen ist, warum nicht auch noch einige Dutzend Privatwohnungen einplanen, mit einem unverbaubaren Blick elbabwärts in den Sonnenuntergang? Dazu ein Parkhaus im Bauch des Gebäudes? Und den Neubau mit einer Hightech-Glasfassade ummanteln, wie es sie so noch nie zuvor gab auf der Welt?
Die Krönung sollte der Konzertsaal darstellen – mit einer Akustik, die so exzellent ist, wie der Ort aussieht, an dem sie ihren Ursprung nimmt. „Die Elbphilharmonie hat einen öffentlichen Raum über den Dächern Hamburgs. Das war uns wichtig", erklärte Pierre de Meuron später. „Er ist für alle da und nicht nur für die oberen Zehntausend." Mehr noch: „Die Philharmonie kommt wie eine Nadel bei der Akupunktur in die Stadt und gibt ihr neue Energie!"
Der Projektentwickler Gérard und die Kunsthistorikerin Marko wollten sich mit den kulturpolitischen Begebenheiten in Hamburg nicht mehr abfinden: Die Laeiszhalle, der historische Konzertsaaal der Stadt, war damals chronisch überlastet. Im Oktober 2001 wurde der CDU-Politiker Ole von Beust zum Ersten Bürgermeister gewählt. Ende Oktober 2001 erhielt von Beust einen Brief, in dem von einer Nutzung des Kaispeichers als Konzertsaalfundament die Rede war. Das Rathaus lehnte ab. Das Grundstück sei verplant. Gérard und Marko gaben nicht auf. Sie reisten durch Europa, um sich bei Fachleuten Ratschläge für die Umsetzung ihrer Idee zu holen.

Im Oktober 2002 orakelte Ole von Beust zum ersten Mal über ein „kulturell-architektonisches Highlight" für die HafenCity und grob geschätzte 50 Millionen Euro Investitionskosten. Während die Politik noch zögerte, machte Gérard weiter. Für die Baukosten veranschlagte er etwa 95 Millionen Euro. Die Mittel sollten durch eine „kommerzielle Mantelbebauung" zusammenkommen – also praktisch kostenlos für die Stadt. 2005 Baubeginn, 2008 Fertigstellung, zum 100. Geburtstag der Laeiszhalle. So weit die Pläne. Nachdem die Hansestadt im April bei der Bewerbung zur nationalen Kandidatur für die Olympischen Sommerspiele 2012 verloren hatte, suchte die Politik nach einem neuen Betätigungsfeld zur Profilierung. „Elb-Philharmonie auf dem Kaispeicher A?" So lautete die Titelzeile eines Artikels im „Hamburger Abendblatt" im Juni. Die Rede war von einem großen Saal „mit mittig gelegenem Podium und etwa 2400 Plätzen" sowie einem kleineren für 500 Besucher. Die Mantelbebauung sollte, ergänzt durch einen Förderverein, eine Stiftung oder Sponsoren, den Umbau und einen Großteil der Betriebskosten finanzieren.
Gérard und Marko stellten ihr Konzept am 26. Juni 2003 im Studio E der Laeiszhalle vor. Ein offener Brief von etwa einem Dutzend bekannter Hamburger Architekten war der nächste treibende Schritt: „Hamburg hat die einmalige Chance, seinen oft angestrebten Weltstatus mit Nachdruck zu beweisen. Das Konzept ist genial und für die Stadt ein Muss." Das Umschwenken begann. Am 16. Dezember 2003 beschloss der Senat, das Projekt Elbphilharmonie am Standort vom Kaispeicher A weiterzuverfolgen. Als Akustiker wurde der Japaner Yasuhisa Toyota unter Vertrag genommen.
Ein nächstes historisches Datum war der 19. Januar 2005: An diesem Tag wurde in den Büroräumen der ReGe der „Generalplaner-Vertrag" unterzeichnet, der alle offenen Fragen zwischen der Stadt und den Architekten regeln sollte. Die Elbphilharmonie war schon zu diesem frühen Zeitpunkt Welten davon entfernt, eine normale Baustelle zu werden.
Die erste amtliche Ansage, in einer 125 Seiten umfassenden Bürgerschaftsdrucksache verewigt, nannte Kosten in Höhe von 186,7 Millionen Euro. Die Einzelposten: 94,7 Millionen für die Elbphilharmonie selbst, 69,6 Millionen für die Mantelbebauung (Hotel, Wohnungen, Parkhaus, Gastronomie) sowie 22,4 Millionen Euro für „besondere Erschließungskosten", worunter unter anderem die Plaza als Schnittstelle zwischen Altbau und Neubau zu verstehen war. Um die städtischen Kosten zu begrenzen, hatte sich die Stadt das ehrgeizige Ziel gesetzt, bis zu 30 Millionen Euro Spendengeld zu generieren.

ALEXANDER GÉRARD UND JANA MARKO

DIE INITIATOREN

Mit ihnen fing alles an. Er: In New York geboren, Architekturstudium in Zürich, ein zurückhaltender, weltmännischer Typ, als Projektentwickler u. a. mit dem Hanseatic Trade Center erfolgreich. Sie: In Linz geboren, Kunsthistorikerin, sprühend vor Energie und Kreativität. Ein Paar mit Visionen – und der Tatkraft, sie umzusetzen. Alexander Gérard und Jana Marko haben das Potenzial des Kaispeichers A entdeckt, die Architekten Jacques Herzog und Pierre de Meuron ins Boot geholt und in Hamburg für ihre Idee geworben und gekämpft. Diese Leistung kann ihnen niemand nehmen, auch wenn Gérard und Marko seit 2004 nicht mehr Teil des Projektteams sind – die Elbphilharmonie ist und bleibt ihre Idee.

HERZOG & DE MEURON
DIE ARCHITEKTEN

1978 gründeten Jacques Herzog und Pierre de Meuron ihr Büro in Basel. Das Unternehmen wird heute von den Gründern und den Senior Partnern Christine Binswanger, Ascan Mergenthaler und Stefan Marbach geleitet. Ein internationales Team von 380 Mitarbeitern arbeitet an Projekten in Europa, Asien und Amerika. 2001 haben Herzog & de Meuron für ihr Gesamtwerk den Pritzker-Preis erhalten, der als Architektur-Nobelpreis gilt. Ihre Entwürfe sind in aller Regel spektakulär. Ob Allianz Arena in München oder Nationalstadion in Peking, Herzog & de Meurons Erfolgskonzept lautet stets: nur Unikate.

Das Foto zeigt Jacques Herzog (links) und Pierre de Meuron (rechts) mit Ascan Mergenthaler, dem verantwortlichen Senior Partner für das Projekt Elbphilharmonie, auf der Baustelle des Großen Saals.

Dadurch sollten die Kosten nach Abzug von Spenden und Quersubventionierung 77 Millionen Euro betragen, höchstens.
Im April 2006 legten die Architekten ein Gestaltungs-Update vor. War die erste Version des Großen Saals noch sehr rund, wirkte Version 2.0 kantiger. Sanft fließende Balkone waren durch ineinanderstrebende Ebenen ersetzt worden. Die Zahl der Plätze hinter dem Orchesterpodium fiel geringer aus. Vor allem aber hatte die Deckenkonstruktion ein neues Element erhalten – einen riesigen Reflektor über der Bühne. Im Innern war ein dritter Saal für Proben und Experimentelles mit etwa 170 Plätzen ins Planungssoll genommen worden. Angekündigt wurde jetzt auch eine gebogene Rolltreppe. Dazu kam die veränderte Glasfassade.
Als im August 2006 Gerüchte kursierten, die Baukosten hätten sich um etwa 34 auf 220 Millionen Euro erhöht, war dies ein Warnzeichen. Die Verantwortlichen dementierten. Die neue Wasserstandsmeldung belief sich auf 241,3 Millionen Euro Baukosten. Der städtische Anteil erhöhte sich von 77 auf 114,3 Millionen Euro. Den Zuschlag erhielt ein Investorenkonsortium aus Hochtief und CommerzLeasing. Verzögerungen beim Bau sollte eine Vertragsstrafe von 200 000 Euro pro Tag verhindern. Der gute Teil dieser Nachricht: Die Elbphilharmonie sollte im Mai 2010 den Spielbetrieb aufnehmen. Am 19. Dezember 2006 winkte der Senat das Thema durch, am 28. Februar auch die Bürgerschaft.
Am 2. April um 12 Uhr begann im Innern des Kaispeichers eine neue Zeitrechnung: Hamburg ohne Elbphilharmonie hatte ausgedient – Hamburg mit Elbphilharmonie sollte zu diesem Zeitpunkt feierlich beginnen. Blechbläser von NDR und Philharmonikern spielten Händels „Feuerwerksmusik", Ole von Beust verkündete: „Das ist kein Bluff – es geht wirklich los." Amtlich deklariert war die Feierstunde als „Grundsteinlegung". Das traf es aber nur fast, denn der Kaispeicher A, der als Fundament des aufgesetzten Gebäudekomplexes dient, hatte diesen Teil seiner Historie ja schon lange hinter sich.
Doch auch ohne einen echten Grundstein blieb noch einiges an Symbolik übrig, die man den etwa 700 Gästen bieten konnte. Es gab Reden und als Höhepunkt des Tages die Befüllung einer Zeitkapsel aus Kupfer, die einen Ehrenplatz im Ersatzgrundstein erhielt. Jeder Teilnehmer der Zeremonie erhielt einen Backstein, in den der feierliche Anlass geprägt worden war. Und Pierre de Meuron nannte die Elbphilharmonie das „neue Zentrum gesellschaftlichen, kulturellen und öffentlichen Lebens" in Hamburg.

3 BAUSTELLE

Der Kaispeicher A ist
Ende des Jahres 2007
komplett ausgehöhlt.
Zur Verstärkung des
Fundaments werden 650
Pfähle aus Stahlbeton in
den Boden getrieben.

Um das Gewicht des Gebäudes – etwa 200 000 Tonnen – nicht noch zu erhöhen, werden Zwischenräume der Stahlbetonbewehrung mit Kunststoffhohlkörpern gefüllt.

Die sogenannte Saaltopf-Innenschale besitzt kaum Flächen. Balkone, Simse, Stahlrippen und Treppen werden deshalb vor dem Gebäude montiert und per Kran in das nach oben offene Gebäude gehoben.

Der Kokon für den schalltechnisch entkoppelten Großen Saal ist bereit. Die Außenschale aus Stahlbeton ist im März 2010 mit dem Rest des Gebäudes fest verbunden.

AX

Die Aussicht auf eines der besten Konzerthäuser der Welt in der Stadt versöhnt die Hamburger. Trotz der Kostenexplosion stimmen einer Umfrage zufolge im August 2011 mehr als 70 Prozent für die Fertigstellung des Baus.

Blick von der Westspitze der Elbphilharmonie über die HafenCity, das UNESCO-Welterbe Speicherstadt und die Hamburger Altstadt.

GETREIDE AG

Christo lässt grüßen. Die Deckenleuchten im Kleinen Saal sind zum Schutz vor Beschädigung und Schmutz bis zum Bauende verhüllt.

Februar 2016

Zum ersten Mal kann man die „Weiße Haut" im Großen Saal richtig sehen.

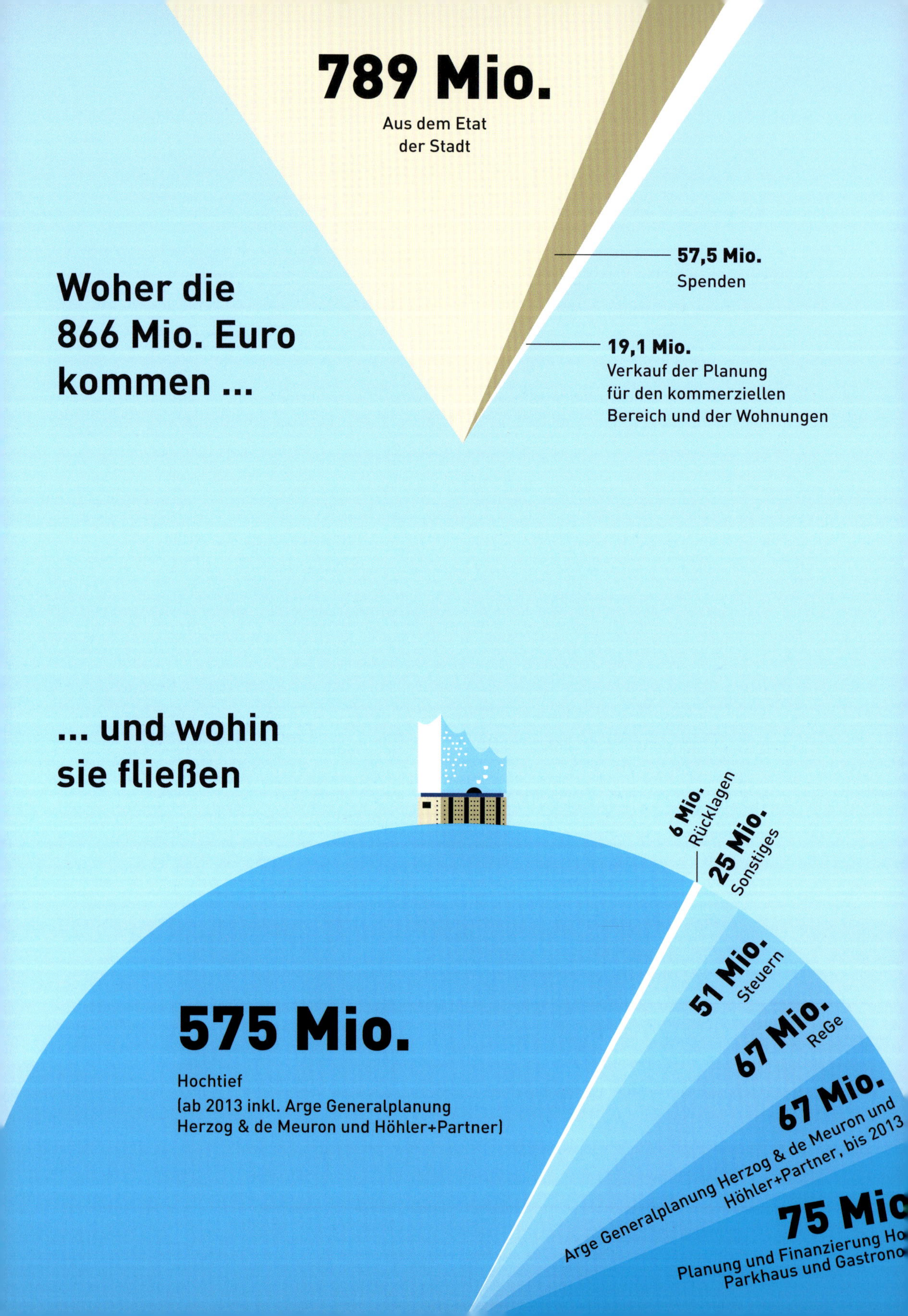
789 Mio.
Aus dem Etat der Stadt
57,5 Mio.
Spenden
19,1 Mio.
Verkauf der Planung für den kommerziellen Bereich und der Wohnungen
Woher die 866 Mio. Euro kommen ...
... und wohin sie fließen
6 Mio.
Rücklagen
25 Mio.
Sonstiges
51 Mio.
Steuern
67 Mio.
ReGe
67 Mio.
Arge Generalplanung Herzog & de Meuron und Höhler+Partner, bis 2013
575 Mio.
Hochtief
(ab 2013 inkl. Arge Generalplanung Herzog & de Meuron und Höhler+Partner)
75 Mio

STEINIGER WEG

Als der damalige Bundespräsident Christian Wulff im Juni 2011 die Baustelle besichtigte, fasste Kultursenatorin Barbara Kisseler das Elend mit Humor zusammen: „Die Elbphilharmonie ist uns lieb und teuer. Die Reihenfolge ist im Moment beliebig." Dass es so schnell so kompliziert geworden war mit den Kosten und den Wahrheiten, mag auch der Euphorie der Frühphase geschuldet sein. Auf einmal war die Idee der Elbphilharmonie da. Sie klang verführerisch, nicht einfach, nein, das nicht. Aber machbar. Wer bis über beide Ohren verknallt ist, macht früh Fehler und erkennt sie zu spät. Es wurde euphorisch ausgeschrieben, vergeben und losgelegt, bevor alle notwendigen Planungen abgeschlossen waren. Dazu kam eine verhängnisvolle Vertragskonstruktion. Vereinfacht ausgedrückt: Vertragspartner A (die Stadt) beauftragt B (die Architekten) mit der Planung. Aber A beauftragt auch C (den Baukonzern Hochtief). B und C jedoch haben kein Vertragsverhältnis - und unterschiedliche Vorstellungen davon, was wann wie gebaut werden muss.
Im November 2006 nannte der damalige Erste Bürgermeister Ole von Beust 241,3 Millionen Euro Baukosten und begrenzte den städtischen Anteil auf 114,3 Millionen Euro. Im November 2008 folgte eine Hiobsbotschaft, verpackt in den sogenannten Nachtrag 4: Die Kosten für den Steuerzahler erhöhten sich auf vermeintlich finale 495 Millionen Euro. Wenige Tage vor Weihnachten 2012 sorgten der Erste Bürgermeister Olaf Scholz und Kultursenatorin Barbara Kisseler für eine schöne Bescherung: Von nun an gab es nur noch einen direkten Vertrag der Stadt mit Hochtief. Die Architekten, zuständig für „künstlerische Oberleitung" und Qualitätssicherung, hatten ihre Verträge mit dem Baukonzern, der alle Risiken tragen und alle Probleme zukünftig allein mit Herzog & de Meuron regeln sollte. „So einen Vertrag gibt es nicht noch einmal", jubilierte Scholz, „wir haben keinerlei Risiken mehr." Für die Eröffnung wurde Januar 2017 festgelegt. Vor allem aber schraubte sich der Preis noch einmal steil in die Höhe. Die Gesamtausgaben summieren sich auf 866 Millionen. Der städtische Anteil daran: 789 Millionen Euro.
Im Frühjahr 2013 waren die Verträge unterschriftsreif. Hochtief verzichetete auf Nachforderungen, die Stadt auf Schadensersatzansprüche. „Diese Neuordnung ist keine Liebesheirat, sondern eine Vernunftehe", kommentierte Kisseler das Happy End, „aber Vernunftehen halten ja bekanntlich länger."

4 RUNDGANG

Wolkenkratzer: Der Blick steil nach oben vermittelt ein Gefühl für die Dimensionen des Gebäudes und verdeutlicht die Wirkung von Alt und Neu.

GEBÄUDE / FASSADE
SKULPTUR AUS STEIN UND GLAS

Die kleinste und beliebteste Einheit für architektonischen Erfolg in Hamburg ist und bleibt nicht der Euro, den man während der Bauzeit irgendwie und irgendwo einsparen konnte, sondern der Backstein. Die Hauptkirche St. Michaelis erhielt ihren Charakter durch dieses Material, ebenso die Laeiszhalle. Auch der Kaispeicher A ist von Ziegeln umhüllt. Gerade dieser Kontrast zwischen rohem, rotem Alt unten und feinem, reflektierendem Neu darüber sorgt für die ästhetische Spannung.

An die Funktionalität des alten Gebäudes erinnert der mittlerweile neue Schriftzug an der Ostseite: Aus KAISPEICHER A wurde dort, an gleicher Stelle, ELBPHILHARMONIE. 52 Zentimeter hohe Großbuchstaben, in der Schrift DIN 1451. Deutsche Wertarbeit formte diesen Bau, soll die Buchstabenfolge im Farbton „Verkehrsweiß" Seidenmatt auf Rot signalisieren. An der Südseite befinden sich als weitere Anspielung auf die Historie drei Halbportalkräne, mit denen Waren an Land gehievt wurden.

Weil man zu Beginn der Bauarbeiten das Originaldach des Kaispeichers A um fünf Meter erhöhte, um die Originalproportionen beizubehalten, ist die letzte Schicht unterhalb der Plaza nun nicht mehr original gemauert, aber durchaus originalgetreu. Die Fassade wurde von Experten, die bereits bei der Rekonstruktion der Dresdner Frauenkirche mitgearbeitet hatten, saniert. Einen guten Blick auf die Pailletten des Dachs, das auch „die fünfte Fassade" des Gebäudes genannt wird, hat man nicht nur von Flugzeugen aus. Seine Struktur ist eine Mischung aus Kristall und Segel, Welle und Gipfel. Durch die spezielle Oberfläche der Glasfassade wirkt das Gebäude immer wieder anders. Wer sich im diesigen Morgenlicht vom Fischmarkt aus nähert, erblickt einen matt grüßenden Koloss. Bei Sonnenlicht von einer Barkasse aus betrachtet, wirkt das Gebäude stattdessen wie eine gläserne Skulptur. An warmen Sommerabenden ragt die Elbphilharmonie erhaben ins Blau hinein. Nach Einbruch der Dunkelheit strahlt sie einladend aus ihrem Innern heraus. Man hat das Gefühl, in die Elbphilharmonie hineinsehen zu können. Kalt lässt sie jedenfalls niemanden.

Das Scheibenpuzzle der Glasfassade wurde von dem Unternehmen Joseph Gartner in Gundelfingen gefertigt, Spezialisten für Sonderwünsche und

Die Elbphilharmonie wird nicht von innen heraus unterschiedlich beleuchtet. Es ist das Glas, das je nach Licht und Wetterlage unterschiedliche Farbenspiele auf die Fassade zaubert.

schwierige Fälle wie die BMW-Welt in München, das Museum of Modern Art in New York oder den von Norman Foster entworfenen „Apple Campus 2" im kalifornischen Cupertino. Die individuell gestalteten Siebdruck-Punktmuster auf den Außenseiten der doppelscheibigen Fassadenelemente sind nicht nur ein launiges Design-Detail, die grauen Punkte sollen auch die Intensität der Sonneneinstrahlung mindern. Etwa ein Drittel der Glasfläche ist so verziert worden. Eine Chromverspiegelung und eine Wärmeschutzbeschichtung verstärken diesen Effekt.

Nachdem die Architekten sich von ihrer Anfangsidee einer glatten Fassade verabschiedet hatten, entstanden durch Kiemen und Hufeisen neue Herausforderungen für die Fassadenbeglaser. Sie mussten Scheiben nach ihrer punktgenauen Bedruckung bei 600 Grad biegen, um sie in die runden Auswölbungen oder die gigantischen Stimmgabeln einpassen zu können. So etwas war so nie zuvor gemacht worden. Am 16. Dezember 2009 begann die Montage, deren Ende man auf Anfang 2011 terminiert hatte. Doch erst am 31. Januar 2014 um 13.21 Uhr wurde bei eisigen Temperaturen das offiziell letzte von 1096 Elementen in die Fassade eingefügt: 16 000 Quadratmeter waren nun verglast, was in etwa der Fläche von 3830 Tischtennisplatten entspricht. Die nächste Elbphilharmonie-Spezialität ist die Dachkonstruktion. Maßarbeit auch hier: 6000 Quadratmeter aus acht konvex gekrümmten Flächen, 8000 Tonnen schwer. Der tiefste Punkt liegt bei 79,1 Metern, der höchste bei 110 Metern. Jeder der rund 1000 Träger wurde individuell gebogen und geschweißt und formt auf diese Weise ein kleines Hochgebirge mitten in der norddeutschen Tiefebene. Auf diesen Gipfeln liegt eine trittfeste Glasur aus 10 000 Aluminium-Pailletten von 90 und 110 Zentimetern Durchmesser, deren Lochstruktur ein Zitat des Fassadenmusters ist. Die Pailletten wurden nach 3D-Berechnungen so ausgerichtet, dass sie trotz der unterschiedlichen Größen ein einheitliches Bild ergeben. An ihrer steilsten Stelle weisen die Dachwellen eine Steigung von 51 Grad auf. An drei Stellen werden sie von je einem Lichtschacht für die Wohnungen an der West- und für das Hotel an der Ostseite sowie durch eine Terrasse für Konzertbesucher in rund 75 Metern Höhe an der Südost-Ecke des Gebäudes unterbrochen.

Am 15. August 2014 – pünktlich im Zeitplan – war das Dach der Elbphilharmonie regendicht und der Rest darunter so gut wie fertig. Man kann sie drehen und wenden, wie man will: Bei diesem Gebäude kann das Innere halten, was das Äußere verspricht.

CHRISTOPH LIEBEN-SEUTTER
DER GENERALINTENDANT FÜR ELBPHILHARMONIE UND LAEISZHALLE

Die Musikweltstadt Wien zu verlassen, um als „Kulturentwicklungshelfer" der Kaufmannsstadt Hamburg ein neues Musikprofil zu geben? Gerade für einen Österreicher kein alltäglicher Karriereschritt. Was der neue Generalintendant für Elbphilharmonie und Laeiszhalle 2007 an der Elbe vorfand, war mehr als eine Baustelle mit ungewisser Zukunft: Sein Vertrag sollte fünf Jahre laufen, drei Jahre nach Amtsantritt sollte das Konzerthaus eröffnen. Am Ende dauerte es zehn Jahre, in denen Christoph Lieben-Seutter ein Konzerthaus leitete und für das andere Konzepte erarbeitete. Im Juli 2016 ist sein Vertrag bis 2021 verlängert worden.

PARKHAUS
STARTRAMPE ZUR MUSIK

Das Parkhaus im Kaispeicher A ist schon deshalb eine Besonderheit, weil es kaum Konzerthäuser gibt, die diesen Kundendienst unter ihrem Dach überhaupt bieten können. Herzog & de Meuron setzen auf Kontrast: Die Materialwahl der Fassade, des Großen Saals oder der Plaza ist hart – und gewollt. Im Parkhaus gibt es keine bedruckten Glasscheiben, keine millimetergenau gefrästen Vertäfelungen. Nackter Beton bestimmt das Bild. Als Startrampe zur Musik dient eine Spindel, über die sich die Autos Etage für Etage nach oben schrauben.

ROLLTREPPE

MIT DER TUBE IN DEN MUSIKHIMMEL

Man kommt auch mit einem der Aufzüge aus dem Eingangsbereich in die höheren Ebenen des Gebäudes. Aber in der „Tube" ist schon der Weg zum Konzert inszeniert. Diese Rolltreppe, konvex gebogen, 82 Meter lang, ist aber nicht nur architektonisch herausragend, sondern auch eine schöne Metapher. Sie holt einen zuverlässig auf dem Boden der alltäglichen Tatsachen ab. Danach sorgt sie für ein erhebendes Erlebnis und bringt einen in wenigen Augenblicken auf eine andere Bewusstseinsebene: In ein Gebäude, das es nur gibt, weil es auf einem anderen Gebäude errichtet wurde.

Einschneidendes Erlebnis:
Das Panoramafenster im
Kaispeicher gibt den Blick frei
auf die Landungsbrücken.

Freischwinger: Der Aufgang zur Plaza ist die letzte Etappe vor der Freifläche und den großen Aufgängen zu den beiden Konzertsälen.

PLAZA
TERRASSE MIT ELBBLICK

Die Plaza ist mehr als der Empfangsbereich für das Haus. Sie ist die Visitenkarte, ein Symbol für alles, was dieses Gebäude bieten soll. „Hier kommt zusammen, was das Gebäude im Innern ausmacht", sagt Kultursenatorin Barbara Kisseler und schwärmt von der Plaza als „reine Architekturpoesie mit spezifisch hamburgischer Bodenhaftung". Architekt Ascan Mergenthaler von Herzog & de Meuron nennt die Plaza „Verteilerhalle und Schnittstelle. Man spürt die Archaik und die Kraft des Speichers unter uns und die festliche Welt darüber."
Die Plaza ist der Übergang zwischen Kaispeicher A und der Glaswelle, hier kommen Besucher und Hotelgäste an. Sie ist so groß wie der Rathausmarkt. Entscheidend in der Hausphilosophie: Die Plaza ist für alle da. Man benötigt zur Besichtigung keine Konzertkarten. Sie lädt zum Flanieren ein. Nach der Rolltreppenfahrt durch die gebogene Tube in die sechste Etage und der zweiten Rolltreppe in den achten Stock ist dieser Teil des Gebäudes der erste, der seine Besucher begrüßt und auf weitere Attraktionen einstimmt.
Da wäre zunächst der Panoramablick über die Stadt, denn rund um die Plaza verläuft ein Balkon, der die Elbphilharmonie zum weltweit einzigen 360-Grad-Aussichtsturm mit Hausmusik macht. Die Stadt liegt einem zu Füßen – der Containerumschlag, die Werften, die Türme der Hauptkirchen, der Blick in die Stadtmitte, die Weite der Metropole. Mehr Hamburg geht nicht. Die Eingangsportale dieses Laufstegs sind rund sechs Meter hohe und zweieinhalb Meter breite Windschotts – selbsttragende Vorhänge aus gebogenem Verbundsicherheitsglas. Eine weitere Besonderheit: Der Boden besteht wie die Außenwände des ehemaligen Kaispeichers A aus Backsteinen, rund 188 000 Stück, im Münsterland gebrannt. Raumbeherrschend sind die Freitreppen aus Stahl beziehungsweise Beton, die zum Großen und Kleinen Saal und in deren Foyers führen. Mit ihren geschwungenen Formen erinnern auch sie an Gehörgänge.
Schon lange vor ihrer Fertigstellung war die Plaza Aufführungsort für das erste öffentliche Konzert. Nachdem Musiker des Ensemble Resonanz in der Frühphase mit ihrem Projekt „Kaispeicher entern!" im rohen Ambiente des Kallmorgen-Altbaus kleine kulturelle Duftmarken gesetzt hatten, erklang im

Windfang und Blickfang: Durch die gebogenen „Glasvorhänge“ gelangt man in die Open-Air-Bereiche der Plaza.

September 2012 das „Deutsche Requiem" des Hamburgers Johannes Brahms auf der Baustelle der Plaza. Die Performance war so speziell wie der Ort. Das Hamburger Theaterfestival hatte die „human requiem"-Produktion des Berliner Radialsystems an die Elbe eingeladen, eine „dreidimensionale Konzertversion" des Stücks, bei dem sich die Sängerinnen und Sänger des Berliner Rundfunkchors in Alltagskleidung durch die 800 Zuschauer bewegten. Flügel, Dirigent und Co-Dirigent waren im Publikum verteilt.

Auf dem Richtfest am 28. Mai 2010 sagte der Erste Bürgermeister Ole von Beust: „Man sieht die Seele Hamburgs von hier." Generalintendant Christoph Lieben-Seutter kommentierte seine Wartezeit auf die Fertigstellung mit „Gut Ding will Weile haben". Der Oberpolier produzierte während seiner Rede eine Schrecksekunde, als er nach seinem Spruch „Nach manchem Stoß und hartem Schlag, nach manchem harten Arbeitstag, mit Eifer und mit viel Bedacht, wir unser stolzes Werk vollbracht, schaut her, wie prächtig dieser Bau" das obligatorische Schnapsglas auf dem Rednerpult umstieß.

Den Vertretern von Stadt, Baukonzern und Architekten war der Streit dieser Tage nicht anzumerken. In den Wochen vor und nach dem Richtfest hatte man sich deutlich kühler behandelt und um Kosten- und Terminpläne gestritten. Einige Etagen tiefer, vor dem Container des Wachpersonals, protestierten Demonstranten der „Recht auf Stadt"-Bewegung in römischen Gewändern gegen die ihrer Meinung nach spätrömische Dekadenz des Projekts und verteilten 350-Millionen-Euro-Geldscheine.

Dass die großen, unterschiedlich dicken Säulen auf der Plaza nicht senkrecht stehen, ist kein Fehler der Bauzeichner, sondern Absicht: Die Statiker haben die Säulen so platziert, um die enorme Last des Neubaus punktgenau aufzufangen und weiterzuleiten. Sie sind auch so positioniert, das keine Säule direkt am Rand steht, so entsteht der Eindruck, der Aufbau schwebe über dem Backstein-Speicher. Gerade Kanten sind hier ohnehin selten, was die Arbeit für die Handwerker nicht leichter machte.

Wie so ziemlich überall in der Elbphilharmonie sind auch auf der Plaza beeindruckende Details zu bestaunen: Die Glasblasen-Lampen im Himmel der Plaza wurden so bedampft, dass sie zwar erhellen, die Gäste beim Flanieren aber nicht blenden können. Und in den Foyers sind längliche Leuchtkörper so angebracht, dass sie wie Wegweiser auf genau jene Stelle im Großen Saal zielen, an der das Pult des Dirigenten steht. Die Elbphilharmonie verfügt über ein Lichtleitsystem, das die Gäste dorthin führt, wo die Musik spielt.

Ein schwungvoller Eindruck von der Elbphilharmonie-Plaza.

Geräusch-Kulisse: Der Hafen und die Elbe prägen die Umgebung des Konzerthauses. Die Außenplaza führt um die Plaza herum, sie bietet Besuchern die Möglichkeit, die Elbphilharmonie komplett zu umrunden und den Blick in alle Himmelsrichtungen schweifen zu lassen.

Ausgang

YASUHISA TOYOTA
DER AKUSTIKER

Akustik ist die Lehre vom Schall und seiner Ausbreitung. Perfekte Akustik zu erschaffen setzt aber nicht nur das Wissen um physikalische Gesetze voraus, sondern auch Kenntnisse über Baustoffe und wie sie sich auf den Raumklang auswirken. Der Akustiker Yasuhisa Toyota ist ein Perfektionist auf diesem Gebiet.
Er hat auf vier Kontinenten Konzerthäusern zu einzigartiger Akustik verholfen, darunter die Walt Disney Concert Hall in Los Angeles. Ein Ziel seiner Arbeit sei es, dass das Publikum überall im Saal gleich gut hört, „egal, ob jemand in der ersten oder letzten Reihe sitzt“. Mit der Elbphilharmonie liefert der Brahms-Bewunderer sein Meisterstück ab. Dazu hat der Japaner den Großen Saal im Maßstab 1:10 nachgebaut und den Raumklang am Computer bis zur Vollendung berechnet.

AKUSTIK
YASUHISA TOYOTAS SUCHE NACH DEM IDEALEN KLANG

Beatles oder Rolling Stones? HSV oder FC St. Pauli? Star Wars oder Star Trek? Klassische Geschmacksfragen, die vergleichsweise leicht zu beantworten sind. Geht es darum, welche Form ein möglichst idealer Konzertsaal haben sollte, wird es schwieriger. Für den Großen Saal der Elbphilharmonie war von Anfang an klar: Einer der zehn besten Konzertsäle der Welt sollte er werden. Klassiker wie der Wiener Musikverein oder das Amsterdamer Concertgebouw finden sich unter den besten Adressen; Klassiker der Moderne wie die Berliner Philharmonie von Hans Scharoun und auch so gegensätzliche Eye- und Earcatcher wie die Walt Disney Concert Hall in Los Angeles von Frank Gehry oder das KKL Luzern von Jean Nouvel. Riesige Unterschiede, wohin man hört und sieht. Doch am Ende läuft es meist auf die Grundsatzfrage hinaus: Schuhschachtel oder Weinberg?
Als „Schuhschachteln" werden Säle bezeichnet, die rechteckig sind und in denen einfach zu berechnen ist, wie sich Schallwellen verhalten. Viele berühmte Säle sind nach diesem Prinzip gebaut worden. Ihre Klangcharakteristik ist eine gelernte Erfahrung, für die Musiker ebenso wie für das Publikum. Nicht zuletzt haben sie auch eine soziologische Komponente: Es gibt die eindeutig besseren und die eindeutig schlechteren Plätze, die Balkonlogen, zu denen man aufschauen oder aus denen man herabblicken kann, und die frontalen Sitzreihen, in denen Sehen und Gesehenwerden in den Karten eingepreist ist. Das Modell „Weinberg" ist demokratischer und zeitgemäßer. Die Säle sind oft flächiger gehalten. Das Erlebnis der Musik wird grundsätzlich anders. Je mutiger die Architektur neue Wege geht, desto mehr rückt die Bühne von der Seitenwand ins Zentrum der Aufmerksamkeit. Sie verwandelt sich von der Arbeitsfläche zum Präsentierteller. Die Berliner Philharmonie ist ein Paradebeispiel. Die Philharmoniker auf der Bühne sind viel mehr Teil einer Gemeinschaft als ihre Wiener Kollegen im Musikverein. Vor allem aber: Sie hören sich viel besser. Die Folgen dieser Bau- und Denkweise sind immens. Sie verlangen von Architekten und Akustikern enorme Toleranz für Ideenreichtum und Gestaltungsdrang. Was der eine entwirft und für konzeptionell unantastbar hält, muss der andere möglich machen. Was hier aus

Gründen der Machbarkeit korrigiert wird, muss dort noch ins ästhetische Konzept passen – ohne Harmonie keine Philharmonie.

Wichtige Inspirationsquellen für die Form des Großen Saals in Hamburg waren die Mailänder Scala mit ihren Balkonetagen und jedes gut durchdachte Fußballstadion, in dem die Besucher fast unmittelbar am Spielfeldrand sitzen. Bestes Beispiel für diese Philosophie ist die ebenfalls von Herzog & de Meuron entworfene Allianz Arena in München. „Wir suchen eine eher organische Form mit einer gewissen Kompaktheit", beschrieb Jacques Herzog seine Vision der Elbphilharmonie. „Wir möchten einen Raum entwickeln, der die Menschen sehr nah zum Musiker bringt. Die Menschen sollen den Raum bilden." Bei einer Expertenanhörung 2005 wurde dafür eine schöne Formulierung gefunden: „Halle ohne Hierarchie".

Yasuhisa Toyota sollte dafür sorgen, dass die Elbphilharmonie in ihrem Mittelpunkt so einzigartig klingt, wie man es von außen erwartet. Im Laufe seiner Karriere hat Toyota weltweit Maßstäbe gesetzt, mit Sälen wie der Suntory Hall in Tokio oder dem Konzerthaus von Danmarks Radio in Kopenhagen, aber auch in enger Zusammenarbeit mit dem Dirigenten Esa-Pekka Salonen beim Bau der neuen Heimat für das Los Angeles Philharmonic. Entworfen wurde der Große Saal für Klassik-Konzerte im Allgemeinen und Orchester im Besonderen. Maß aller Dinge bei Toyotas Klangfeinschliff ist die Fähigkeit der Wandflächen, die problematischen Echos in den Griff zu bekommen. Deswegen auch die wellengeformte „Weiße Haut", die den Schall, der auf sie trifft, in mehrere Richtungen reflektiert. Wichtig als Gradmesser für die Klanggüte ist auch der Nachhall, der im Großen Saal etwa 2,2 Sekunden betragen soll. Er entspricht damit zwar der Faustregel eines Werts zwischen zwei und drei Sekunden, ist aber kein automatischer Heilsbringer. Und „gute" Akustik ist immer auch eine Frage des subjektiven Eindrucks. Weiter erschwert wurde Toyotas Arbeit durch die Herausforderung, dass der Saal auch für elektronisch verstärkte Konzerte tauglich sein sollte, bei denen eine kürzere Nachhallzeit notwendig ist.

Entscheidend war die Absicht, bei der Akustikplanung das Bestmögliche aus dem Raum herauszuholen. Mittelmäßige Säle gibt es schon genug, und alle für deutlich weniger Geld. Toyota selbst gab eine diplomatische Umschreibung seines Akustikerehrgeizes, als er im Januar 2014 die Montage der „Weißen Haut" besichtigte: „Leider muss ich zugeben, dass es keinen besten Platz gibt. Aber es gibt viele sehr gute."

In vielen Konzerthäusern sind Foyers als Weg zum Konzert nur Mittel zum Zweck. Die Elbphilharmonie hat da eindeutig mehr zu bieten. Hier wurden die Foyers so konstruiert, dass sie ständig neue, wechselnde Blickbeziehungen an den Außenseiten des Großen Saals entlang ermöglichen.
Im „Helmut und Hannelore Greve Foyer" im 13. Stock empfängt eine etwa 20 Meter lange Bar Konzertgäste. Dazu kommen vier kleine Bars sowie eine VIP-Lounge. Für die Künstler gibt es eine weitere Bar im Backstage-Bereich.

GROSSER SAAL
GESAMTKUNSTWERK AUS FUNKTION UND WIRKUNG

Wahrscheinlich wäre die Gestaltung des Großen Saals weniger radikal geraten, wenn Jacques Herzog und Pierre de Meuron nicht so große Fußballfans wären. Sie kennen und lieben das mitreißende Gefühl aus Stadien. Genau so etwas schwebte ihnen auch für das Herzstück der Elbphilharmonie vor. Ein Ort, der den knapp 2100 Menschen das Gefühl vermitteln kann, nichts zu verpassen, egal, ob sie in Podiumsnähe sind oder maximal 30 Meter Luftlinie entfernt vom emotionalen Epizentrum.

Wichtigste Frage dabei: Wie sollte man unerwünschten Schall in den Griff bekommen? Denn dieser Konzertsaal ist Teil einer komplexen Multifunktionsarchitektur, passgenau verpackt in einen Hotelbetrieb und Wohnungen. Damit die notwendige Stille herrscht, ruht der Große Saal akustisch entkoppelt und zweischalig auf 362 Federpaketen, damit sich die Innenschale und ihr stellenweise nur Zentimeter entferntes Spiegelbild nie berühren. Schon die Papierform des Großen Saals zeigt, welche Ansprüche in ihm stecken: Der Publikumsbereich beginnt im 12. und endet im 17. Stockwerk, mit seinen Ausmaßen – 40 Meter in Nord/Süd- und 50 Meter in Ost/West-Richtung – belegt er etwa ein Drittel der Geschossfläche innerhalb der gläsernen Welle. Das Podium ist von der Deckenspitze etwa 25 Meter entfernt. In konventionelleren Sälen befindet sich das Orchester am Rand, je weinbergartiger die Innenarchitektur, desto mehr rückt das Orchester Richtung Mitte.

Für den prägenden Eindruck sorgt die „Weiße Haut", eine faszinierende Oberfläche aus Gipsfaserplatten, die in Wirklichkeit hellgrau ist. Sie besteht aus rund 11 000 Elementen, deren Herstellung mehr als ein Jahr dauerte. Gut 3,5 Millionen Euro war der ursprünglich kalkulierte Preis. Am Ende standen 15 Millionen Euro auf der Rechnung. Die Planung dauerte zwei Jahre, die Montage noch einmal genauso lange. Manche Elemente wiegen bis zu 150 Kilogramm pro Quadratmeter, montiert wurden sie auf ein Skelett aus lasergeschweißten Stahlprofilen. Dass die Portionen der „Weißen Haut" derartig spektakulär aussehen, ist ein praktischer Nebeneffekt, denn viel wichtiger ist ihre Aufgabe: Die auf der Bühne entstehenden Schallwellen so zu reflektieren, dass aus den physikalischen Einzelereignissen ein unverwechsel-

barer Klang wird. Im Zusammenspiel der Elemente eines guten Orchesterklangs sind Reflexionen von oben immens wichtig. Beliebtes Mittel zu diesem Zweck sind segelähnliche Elemente, die mehr oder weniger kunstvoll unter Saaldecken montiert werden. Will man es sich besonders kompliziert machen, kommen bewegliche Elemente ins Spiel, die man justieren kann. Ein aktuelles Beispiel dafür sind die Paneele in der neuen Pariser Philharmonie. In Hamburg war man konsequent auf ein Ergebnis ausgerichtet: Eine riesige Kreuzung aus Duschkopf und Pilz hängt hier in 15 Meter Höhe über der Bühne. 30 Tonnen schwer, auf der Unterseite überzogen mit „Weißer Haut". Hinge sie dort nicht, würde die Musik in die Höhe des Raums verpuffen. Im Inneren befindet sich Licht- und Bühnentechnik.
Obwohl der Raum knapp 2100 Menschen Platz bietet, wirkt er überraschend kompakt. Die Berliner Philharmonie ist flächiger, auch die Walt Disney Concert Hall in Los Angeles bietet dem Auge mehr Auslauf. In Hamburg jedoch ist man auf keinem Platz übermäßig weit entfernt vom Geschehen. Rechts vom Dirigentenstandpunkt, ziemlich weit oben, war in einstigen Computergrafiken ein dezenter Vorhang aus Metallröhren zu erkennen gewesen – ein kleiner Teil der Orgel, die sich unter der welligen Haut des Raumes verbirgt. Die Orgelpfeifen sind die Spitze eines Eisbergs aus Metall und Hightech-Innereien, hergestellt von einer weltweit tätigen Spezialistenfirma aus Bonn.
Die Kunden von Philipp C. A. Klais sind über den Globus verstreut. Diese Maßanfertigung ist vier Stockwerke hoch. 4863 Pfeifen, 65 Register, vier Manuale mit mechanischer Spieltraktur, 14 Meter breit, etwa 14 Meter hoch. Andere Orgeln schweben unerreichbar weit entfernt. Diese nicht. Sie ist so transparent gedacht und gebaut, dass man an ihr vorbeigehen kann. Man kann sogar zwischen den Prospektpfeifen hindurch in sie hineinsehen. Die Zinnlegierung dieser Pfeifen hat eine Speziallackierung auf ihrer Gußseite erhalten, um trotz vieler Fingerabdrücke nicht zu rosten.
Ein klassischer „Schuhschachtelsaal" ist relativ überschaubar in seiner Räumlichkeit, es gibt ein klar definiertes Oben, Unten, Vorne und Hinten. Ganz so einfach macht es einem die vieleckige, kurvenreiche Gefühlsturbine der Elbphilharmonie nicht. Der Saal ist nicht nur Saal, sondern ein Gesamtkunstwerk aus Funktion und Wirkung, aus Ursache und Überwältigung. „Musik ist gemacht für Menschen, die Fragen stellen", hat der Dirigent Teodor Currentzis gesagt. Für die Suche nach Antworten ist ein Konzertsaal wie dieser der ideale Ort.

Hier gilt's der Tonkunst: Im Großen Saal soll die Musik im Mittelpunkt der Aufmerksamkeit stehen. Ganz einfach wird das nicht – bei der Konkurrenz durch den Raum. Eine Inspiration der Architekten für das Raum-Erlebnis dort sind Fußballstadien, in denen die Besucher möglichst nah am Geschehen auf dem Spielfeld sein sollen. Trotz der riesigen Dimensionen des Konzertsaals beträgt die maximale Entfernung zur Position des Dirigenten lediglich 30 Meter.

Auch der Kleine Saal ist mit einer sehr speziellen, aber völlig anders gestalteten Wandvertäfelung ausgestattet: Diese Schall-Wellen sind aus Eichenholz, ein faszinierendes Kontrastprogramm zu den Gipsfaserplatten im Großen Saal.

KLEINER SAAL
CHARAKTER IST KEINE FRAGE DER GRÖSSE

Acht Ecken, vier Wände, ein Boden, eine Decke. Das Modell „Schuhschachtel". Klassischer und vermeintlich konventioneller geht es kaum. Doch der Kleine Saal der Elbphilharmonie ist viel mehr als nur ein zweiter Raum für mehr oder weniger alles, was zu klein oder akustisch zu speziell für den Großen Saal ist. Dieser Saal, zu dem man ebenfalls von der Plaza aus über eine Treppe gelangt, ist ein Kunststück für sich. Ähnlich radikal auf Klasse konstruiert, komplett anders in seiner Ästhetik. Auch dieser Saal ist zweischalig gebaut, er ruht auf 56 Federpaketen in einer eigenen Schalldämpfungsschatulle. Der Saal ist 30 Meter lang – 20 Meter kürzer als ein olympisches Schwimmbecken – und zehn Meter hoch. Er hat 460 Quadratmeter Fläche und bietet Platz für bis zu 572 Stühle, bei denen sich die Positionen frei gestalten lassen. Die Bühne misst 90 bis 172 Quadratmeter, für Special Effects wartet sie mit 18 Hubpodien auf.

Zu einer Gefühlsimmobilie für Solisten, Kammermusik und kleine Ensembles wird diese Spielstätte vor allem durch das Erlebnis der Wandbespielung. „Vertäfelung" wäre ein viel zu profanes Wort für die Holz-Landschaftsminiatur aus französischer Eiche, die den Klangraum warmbraun einrahmt. Hier wurden 860 Quadratmeter filigran herausgefräste Wellen und Täler montiert. Eine Buckelpiste für Schallwellen, durch die sie kreuz und quer im Saal gestreut werden, anstatt zwischen den langen Seitenwänden für unschöne Reflexionen zu sorgen.

Wie bei einem Sportwagen sind auch bei diesem Teil der Elbphilharmonie die interessanten Details jene, die man nicht auf den ersten Blick entdecken kann. Da wäre zum einen die Belüftungstechnik, die genau dann besonders toll ist, wenn sie für das Publikum unbemerkt bleibt. Oder die Teleskoptribüne, die sich in der Wand hinter der letzten Sitzreihe verbirgt, mit 17 Steigungen und genügend Variationsmöglichkeiten für jeden Anlass. Dass dieser Raum – nur weil er weniger spektakulär und weniger groß ist als sein benachbartes Gegenstück – mit dem Etikett „Kleiner Saal" versehen ist, macht ihn buchstäblich unbedeutender, als er ist. Denn er beweist: Charakter ist keine Frage der Größe.

Der Eingangsbereich
zum Kleinen Saal spielt auf
dessen Vertäfelung an.

Bühnen-Bild: Dieser Blickwinkel zeigt die Teleskoptribüne und die Beleuchtung des Kleinen Saals.

KAISTUDIOS
MUSIKPÄDAGOGISCH WERTVOLL

Die Kaistudios, an der Westseite des Kaispeichers auf den Ebenen zwei und drei gelegen, sind sehr speziell. Anders als beim klassischen Dreiklang aus „Hören", „Sehen" und „Gesehenwerden" geht es hier um Musikvermittlung. Früh soll sich üben, wer gern hören will. Auf zwei Etagen verteilt, stehen sieben Kaistudios bereit, in denen Neugierige aller Altersklassen mit Musik in Berührung gebracht werden. Tagsüber sind das vor allem Schülergruppen, als Umsetzung der kulturpolitischen Ansage, die Elbphilharmonie solle ein Haus für alle sein. Jedes Hamburger Schulkind solle einmal den Großen Saal von innen gesehen haben, hatte Bürgermeister Olaf Scholz als hehres Ziel verkündet.

Die ursprüngliche Planung sah deutlich anders aus. Zunächst war lediglich von einem „Dritten Saal" die Rede, von der Idee, in einer Ecke des Kaispeichers einen Bereich für Kinderkonzerte und Erklärveranstaltungen einzurichten. Außerdem sollte das „Klingende Museum", das im Souterrain der Laeiszhalle seine Heimat hatte, in den Neubau umziehen und dort eigene Räume erhalten. Die Verzögerungen hatten in diesem Teil des Projekts auch etwas Gutes: Man dachte um, plante größer. Aus einem Saal wurden sieben. Der größte, Kaistudio 1, hat rund 175 Quadratmeter und bietet etwa 170 Menschen Platz. Die anderen sechs Studios sind zwischen 30 und 65 Quadratmeter groß. An das Museale im Namen „Klingendes Museum" erinnert eine Schauvitrine mit Instrumenten, die Besucher im dritten Stock begrüßt.

Dass die Kaistudios konzeptionell an die zentrale Aufgabe des Konzerthauses andocken, zeigt die Inneneinrichtung: Die gleichen Kugellampen in den Fluren sind auch auf der Plaza und im Großen Saal montiert; die Leuchtröhren finden sich auch in anderen öffentlichen Gebäudeabschnitten. Doch auch die räumliche Anbindung macht Sinn: Mit den Fahrstühlen kann man zur Plaza gelangen und damit flott am eigentlichen Ort des Geschehens sein. Denn die Musikvermittlung endet bewusst nicht dort, wo der Konzertbereich beginnt. Auch die Proben sollen für Besuchergruppen zugänglich sein. Die Moral dieser Planungsraffinesse, die man stellenweise erst auf den zweiten Blick erkennt, ist klar: Alles hängt hier elbphilharmonisch mit allem zusammen.

Luft nach oben: Eine der zweistöckigen Maisonette-Suiten, mit Blick auf den Sandtorhafen der HafenCity.

HOTEL
ZIMMER ZUM KONZERT

Könnte ein Hotelgast in Zimmer 1902 in seiner Badewanne hören, dass gerade ein Konzert im Großen Saal beginnt, hätte die Elbphilharmonie ein Problem. Denn dieses eine von 244 Zimmern im Fünf-Sterne-Superior-Hotel „The Westin Hamburg" hat sein Bad oberhalb des Konzertbereichs. Speziell ist es aber ohnehin in der 19. Etage: Dort liegen neben der Eigner-Suite – 160 Quadratmeter mit Panoramablick – auch die vier zweistöckigen Maisonette-Suiten, die den Hafen und die Stadt als 24-Stunden-Super-Breitwand-Kino präsentieren. Nicht alle Bereiche des Hotels befinden sich im Neubau oberhalb der Plaza. Unterhalb liegen der 1300 Quadratmeter große Spa-Bereich und ein 20 Meter langer Pool, die Gastronomie mit 170 Plätzen sowie Konferenzräume. Einige der alten Ladeklappen des Kaispeichers wurden zu Balkonen für Wellness-Bereich und Gastronomie umfunktioniert.
Eine Laune des Schicksals sorgte dafür, dass beide Gründungs-Chefetagen der Elbphilharmonie mit Fachkräften aus Österreich besetzt wurden: mit dem Wiener Christoph Lieben-Seutter, der das dortige Konzerthaus geleitet hat, als Generalintendant für das Künstlerische sowie mit Dagmar Zechmann als General Manager für die Übernachtungsgäste. Während Christoph Lieben-Seutter im Laufe der Bau-Krisen-Jahre immer wieder unfreiwillig Zeit zum Planen erhielt, war Dagmar Zechmann weniger Vorlaufzeit vergönnt. Für beide galt der 4. November 2016 als Stichtag: einerseits Freigabe der Plaza für die Öffentlichkeit, andererseits nahm das Hotel am gleichen Tag seinen Betrieb auf, ohne die sonst übliche „Soft Opening"-Vorlaufphase.
Die logistischen Anforderungen für einen Hotelbetrieb, der sich nicht ebenerdig abspielt, sondern auf und teilweise auch in einem Sockel wie dem Kaispeicher A, sind immens. Hier werden alle Lieferanten-Termine mit einem Online-Tool koordiniert. So ist gewährleistet, dass die Lkw zur Anlieferzone an der Südseite des Gebäudes gelangen, ohne einen Rückstau bis auf den Vorplatz zu produzieren. Da die Zahl der Menschen auf der Plaza nicht unbegrenzt sein kann, muss penibel erfasst werden, wenn jemand aus dem Hotelbereich die Plaza betritt und umgekehrt. Das sind nur einige der Herausforderungen, die es zu bewältigen gilt, um die Hotelgäste im Ostteil des Gebäudes glücklich zu stimmen.

Die bodentiefen Fenster in der Nordost-Ecke der Elbphilharmonie bieten ein Breitwand-Panorama der Stadt.

WOHNUNGEN
DEM HIMMEL SO NAH

Man kann in der Elbphilharmonie nicht nur auf Zeit im Hotel wohnen, sondern auch dauerhaft leben. Zwischen dem 11. und dem 26. Obergeschoss befinden sich hinter der Westfassade 44 Wohnungen vom Feinsten, keine gleicht der anderen. Für den Rest des Gebäudes galt der 11. Januar 2017, das Datum des ersten Konzerts, als Termin-Maß aller Dinge. Beim Wohnungsbereich und seiner kommerziellen Vermarktung gilt eine andere Zeitrechnung: Bis Ende 2017 sollen alle Wohnungen einzugsbereit sein. Besitzer der Wohnungen ist das Unternehmen Skyliving, dessen Gesellschafter die Hochtief Infrastructure und die Quantum Immobilien AG sind. Ein 2007 mit der Stadt geschlossener Vertrag sah vor, dass Skyliving auf eigene Rechnung rund 44 Eigentumswohnungen bauen und verkaufen dürfe. Diese waren nie im Eigentum der Stadt.
Für die Eigentümer und Nutzer der Wohnungen wurde im Erdgeschoss eine Lobby mit separatem Eingang, Fahrstühlen und Concierge eingerichtet. Geparkt wird auf einem der 85 Stellplätze in einem eigenen Parkbereich. Manche der Etagen bestehen nur aus einer Wohnung, mehr als fünf sind es in keinem Geschoss. Ganz oben wurden vier Penthouse-Einheiten maßgeschneidert. Die kleinste der 44 Wohnungen hat 120 Quadratmeter Grundfläche. Die größte erstreckt sich über 400 Quadratmeter. Das 290-Quadratmeter-Penthouse im 25. und 26. Geschoss bietet Raumhöhen bis zu sieben Meter über zwei Etagen. Im 18. Obergeschoss hatte die Designerin Kate Hume eine Musterwohnung inszeniert, unter anderem mit Sauna, Fitnessbereich und Gästetrakt. Falls einem Eigentümer in der Ferne spontan in den Sinn kommen sollte, zu Hause die Vorhänge schließen zu wollen, kann er das der Steuerelektronik über sein Smartphone mitteilen.
In fünf dieser Wohnungen hat man die sehr erträgliche Qual der Wahl, ob man von einer ihrer Loggien aus Richtung Elbe oder Alster blicken möchte. „Spektakulärer kann man nicht wohnen", heißt es in einer Maklerbroschüre. Übertrieben ist das nicht, denn wo sonst noch sind Konzertsäle Teil der Luxusimmobilie? Im 24. Obergeschoss ist man dem Himmel so nah, dass man auch Ostblick hat, über die Paillettendach-Spitze des Konzertsaals hinweg.

Ein Wohnzimmer hoch über den Dächern Hamburgs mit dem Michel als Zeitanzeige.

„An den Landungsbrücken raus / dieses Bild verdient Applaus." Diese Textzeile der Hamburger Band Kettcar passt bestens zur Abendstimmung, die der Blick aus einer der Wohnungen an der Westseite des Gebäudes bietet.

5 FINALE

Morgenröte: Die Ostseite der
Fassade wird durch das
Sonnenlicht in eine riesige
Farbpalette verwandelt.

WAHNSINN. DIE HABEN DAS TATSÄCHLICH GEBAUT.

Der Endspurt begann Anfang 2016 auf den 11. Januar 2017 hin, und die Stimmung in der Stadt veränderte sich zunehmend. Vielleicht war es dieser eine Moment Anfang Mai, der für freundliches Dur im Konzert der Meinungen sorgte: Als die Online-Verlosung von 900 Freikarten für die Eröffnungskonzerte begann und die Server unter dem Ansturm der Interessenten zusammenbrachen (am Ende waren es 223 346 Menschen aus 73 Ländern). Nun bewahrheitete sich endgültig, was der damalige Bürgermeister Ole von Beust fast ein Jahrzehnt zuvor, bei der Grundsteinlegung im April 2007, gesagt hatte: „Das ist kein Bluff, es geht wirklich los." Ein zweites Mal kollabierten die Server wenige Wochen später, Mitte Juni, beim Vorverkaufs-Start der Einzelkarten. Zu dem Zeitpunkt waren die meisten Abonnements aller Anbieter von Elbphilharmonie-Konzerten schon vergriffen, weggegangen wie warme Semmeln.

Während der Vorstellung des Programms für die erste Spielzeit in der Elbphilharmonie zog Bürgermeister Olaf Scholz stolz und erleichtert einen Schlussstrich unter die Vergangenheit, gelitten habe man nun genug in Hamburg. Für das mehrwöchige Eröffnungsfestival hatte Generalintendant Christoph Lieben-Seutter als besonderen Coup mit selbstironischer Note einen Auftritt der Avantgarde-Band Einstürzende Neubauten im Großen Saal seines Neubaus ins Abendprogramm genommen, gerade mal zehn Tage nach der Einweihungs-Gala. Die Karten für Blixa Bargeld und seine Kollegen

waren so schnell ausverkauft, dass wenig später ein Zusatztermin am Nachmittag nachgeschoben wurde.
Zeichen der Vorfreude zeigten sich auch andernorts. Im Rathaus wurde ein Betriebskostenkonzept beschlossen, das die Höhe des Zuschusses für den Spielbetrieb in Elbphilharmonie und Laeiszhalle regelt: Sechs Millionen Euro jährlich, dazu eine Anschubfinanzierung von fünf Millionen Euro für die ersten vier Jahre. Im internationalen Konzerthaus-Vergleich sind das keine Unsummen. Zehn Jahre zuvor hatte man noch, überaus vorsichtig, mit 3,2 Millionen Euro pro Jahr kalkuliert.
Nach der Montage der „Weißen Haut" meinte Kultursenatorin Barbara Kisseler war begeistert, die Architektur sei „so überwältigend, dass es die Musik gar nicht mehr braucht". Auch der Große Saal selbst wurde pünktlich zum 30. Juni an die Stadt übergeben, ohne große Feier, ohne Pressetermin. Nur zügig weiter im Programm, keine Atempause. Nichts sollte die auf Hochtouren vorangetriebenen Abnahmekontrollen unnötig bremsen, bei denen Experten das gesamte Gebäude überprüften, ob auch alles dort war, wo es hingehörte, und ob es tatsächlich ordnungsgemäß funktionierte.
Das NDR Elbphilharmonie Orchester bereitete sich auf den Umzug von seinem bisherigen Probensaal im Rolf-Liebermann-Studio auf dem NDR-Gelände am Rothenbaum in die neue Heimat an der Elbe vor. Anfang September 2016 fanden die ersten „technischen Proben" im Großen Saal statt, es wurde unter anderem Brahms' Erste Sinfonie angespielt, eine Hommage an den in Hamburg geborenen Komponisten. Die ersten Tests der Alltags-Abläufe folgten. Vorglühen auf allen Ebenen.
Die Elbphilharmonie ist ein aufregend neues Wahrzeichen für Hamburg, das von den Bürgern der Stadt entdeckt und ins Herz geschlossen werden wird. Die gläserne Welle auf dem Backsteinbau wird in Zukunft das Bild sein, das international für die Kulturnation Deutschland steht, ähnlich ikonisch wie der Eiffelturm für Paris oder das Opernhaus von Sydney für ganz Australien. Das ist kein Bluff, es geht wirklich los? Die beste Antwort auf diese Frage gibt die kurze Fahrt vom Fischmarkt Richtung Innenstadt, die Hafenstraße entlang. Links geht's hoch zur Reeperbahn, rechts die Elbe, man sieht den Turm vom Michel. Noch bevor man die Landungsbrücken passiert, taucht die Elbphilharmonie am Hafenhorizont auf, bei gutem Wetter warm leuchtend, immer einzigartig und einladend. Und so ziemlich alles, was man bei diesem Anblick denken kann, ist: Wahnsinn. Die haben das tatsächlich gebaut.

Text und Idee
Joachim Mischke

Fotos
Michael Zapf

Konzeption, Redaktion, Gestaltung
Behnken&Prinz
Wolfgang Behnken, Annett Burmeister,
Anna Moritzen
Lektorat: Andreas Feßer
Infografik: Jelka Lerche

Projektkoordination
Dr. Marten Brandt

Verlag
Edel Books
Ein Verlag der Edel Germany GmbH

www.edel.com
2.Auflage 2016

Litho
Edelweiß-Publish
www.edelweiss-publish.de

Druck und Bindung
optimal media GmbH
Glienholzweg 7, 17207 Röbel/Müritz

Bildnachweis
alle Fotos © Michael Zapf
Klapper: © Herzog & de Meuron/Elbphilharmonie und Laeiszhalle Service GmbH;
Seite 22: © 2016, Herzog & de Meuron Basel; Seite 28: LA Times via Getty Images

Printed in Germany
ISBN 978-3-8419-0489-8
WG 1960

Wir danken der Kulturbehörde Hamburg,
der HamburgMusik gGmbH und Herzog & de Meuron
für die freundliche und fachliche Unterstützung.

Danksagung des Autors
Meinen größten Dank an Sabine Hengesbach, für alles und viel mehr.